C0-DAM-814

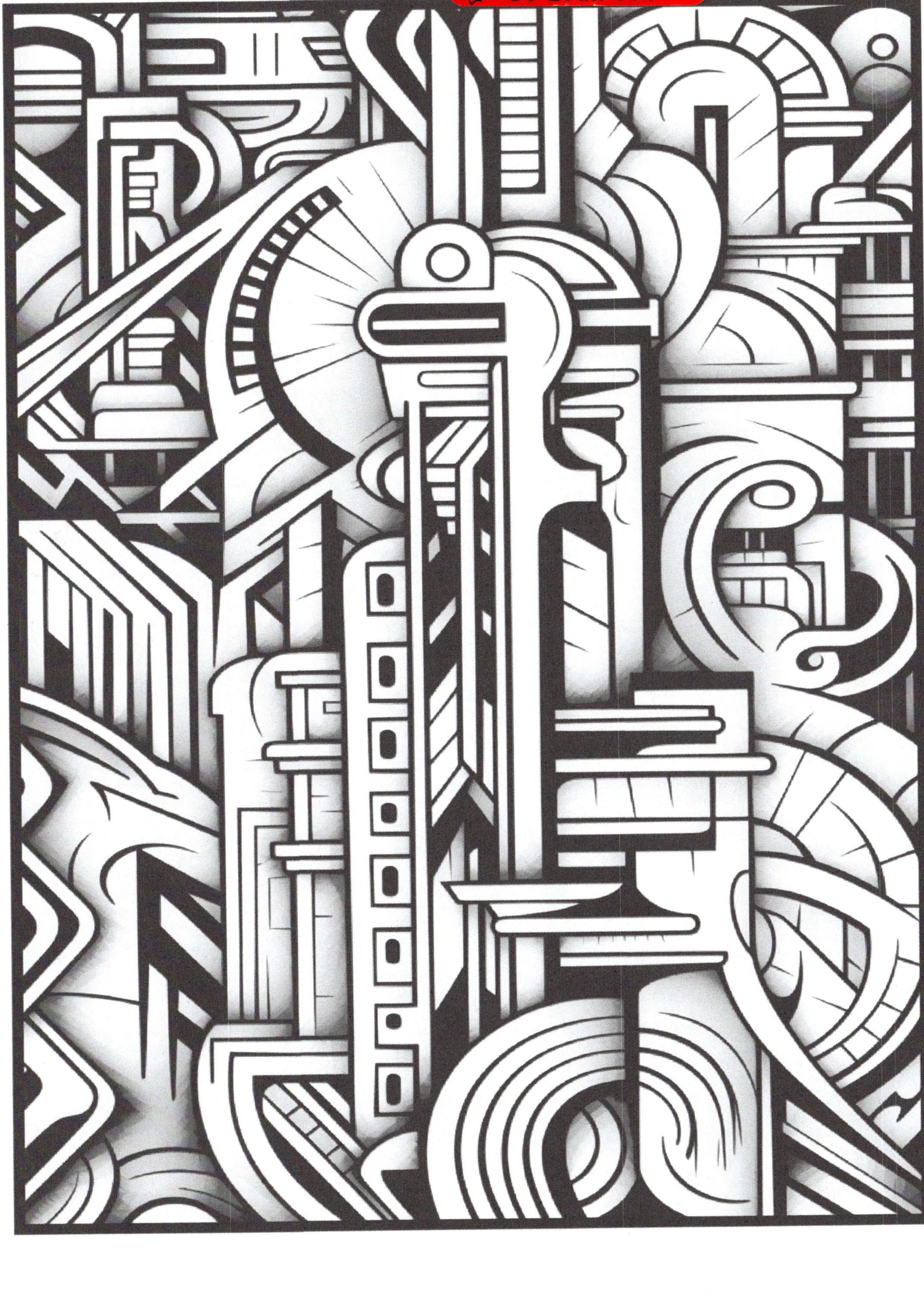

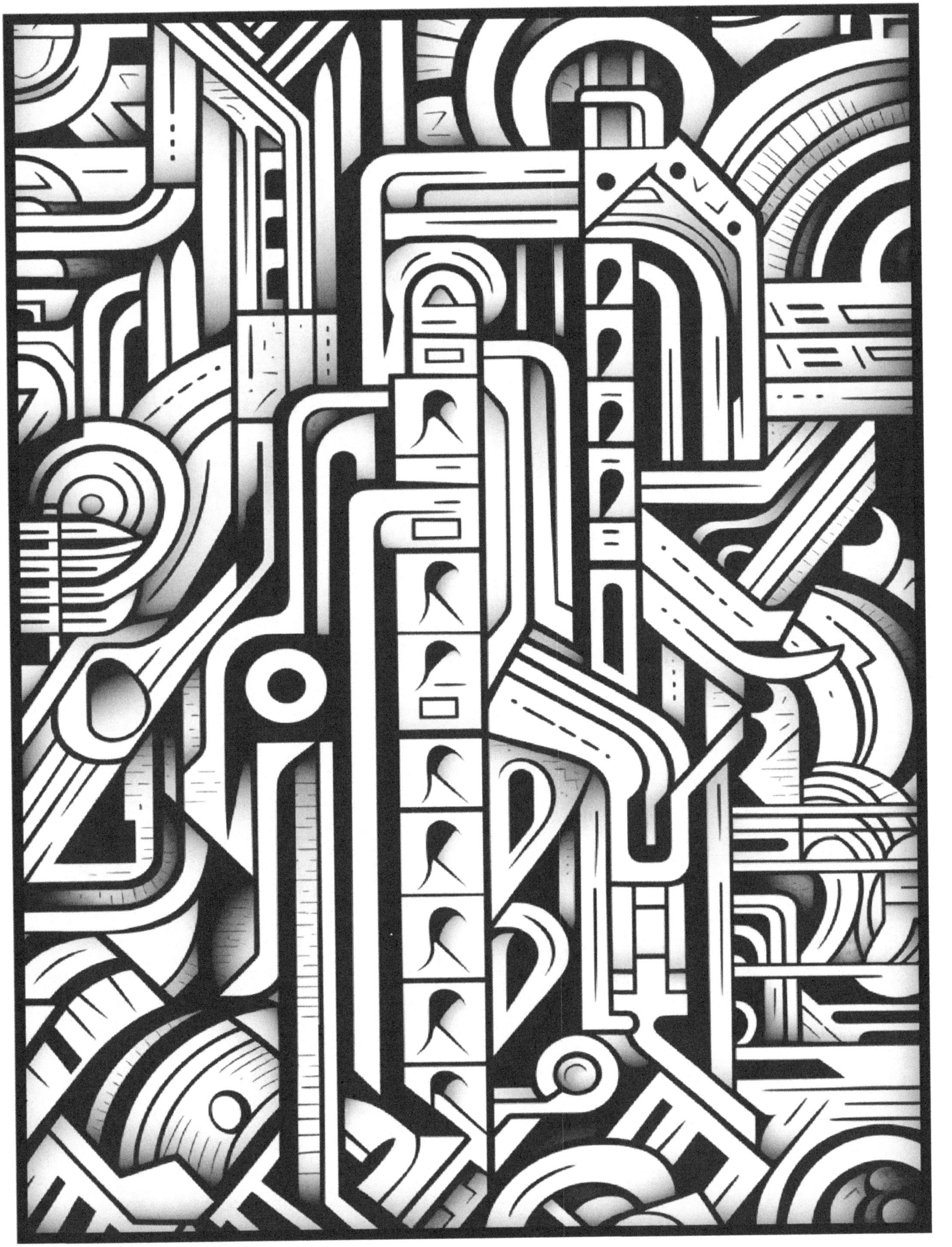

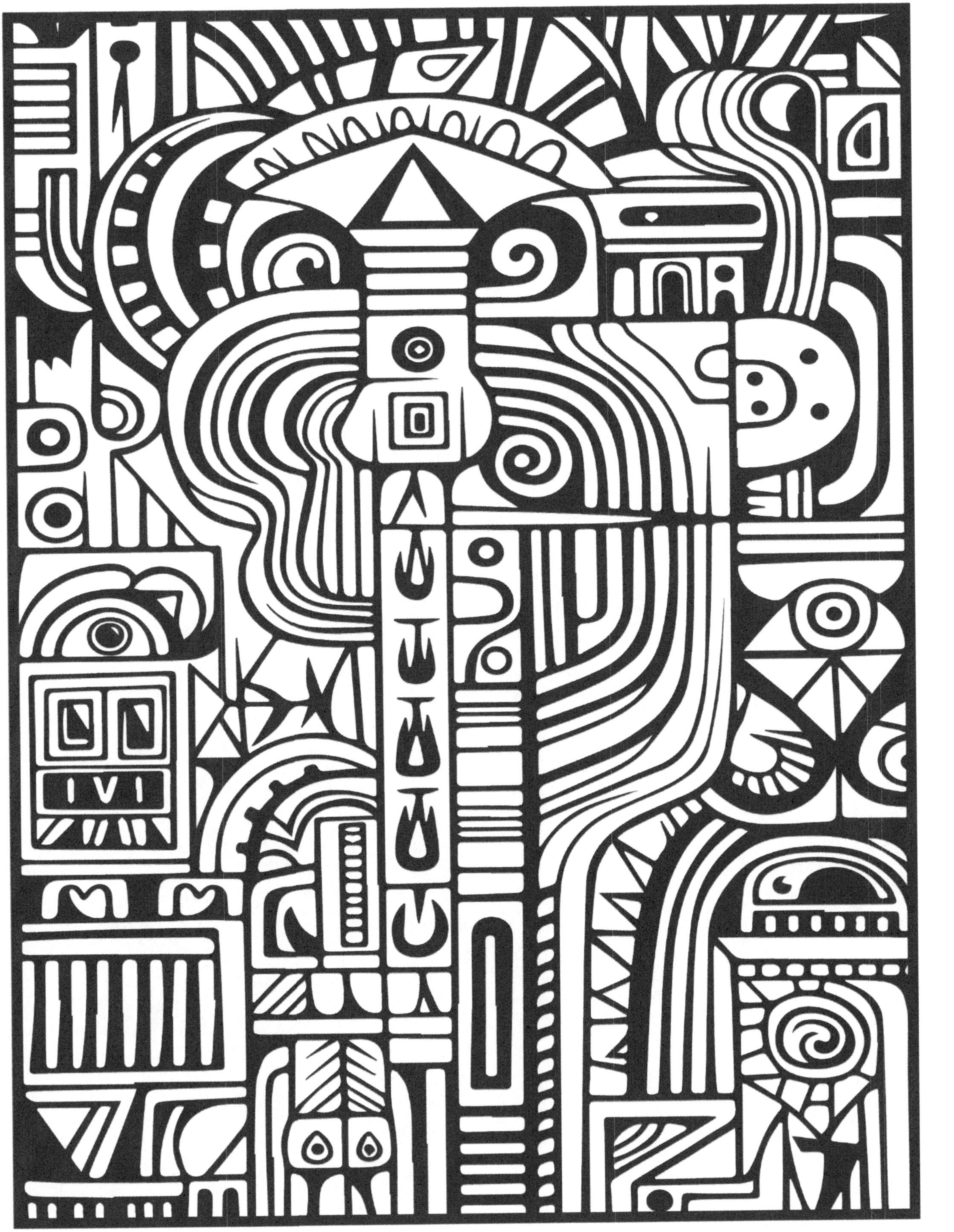

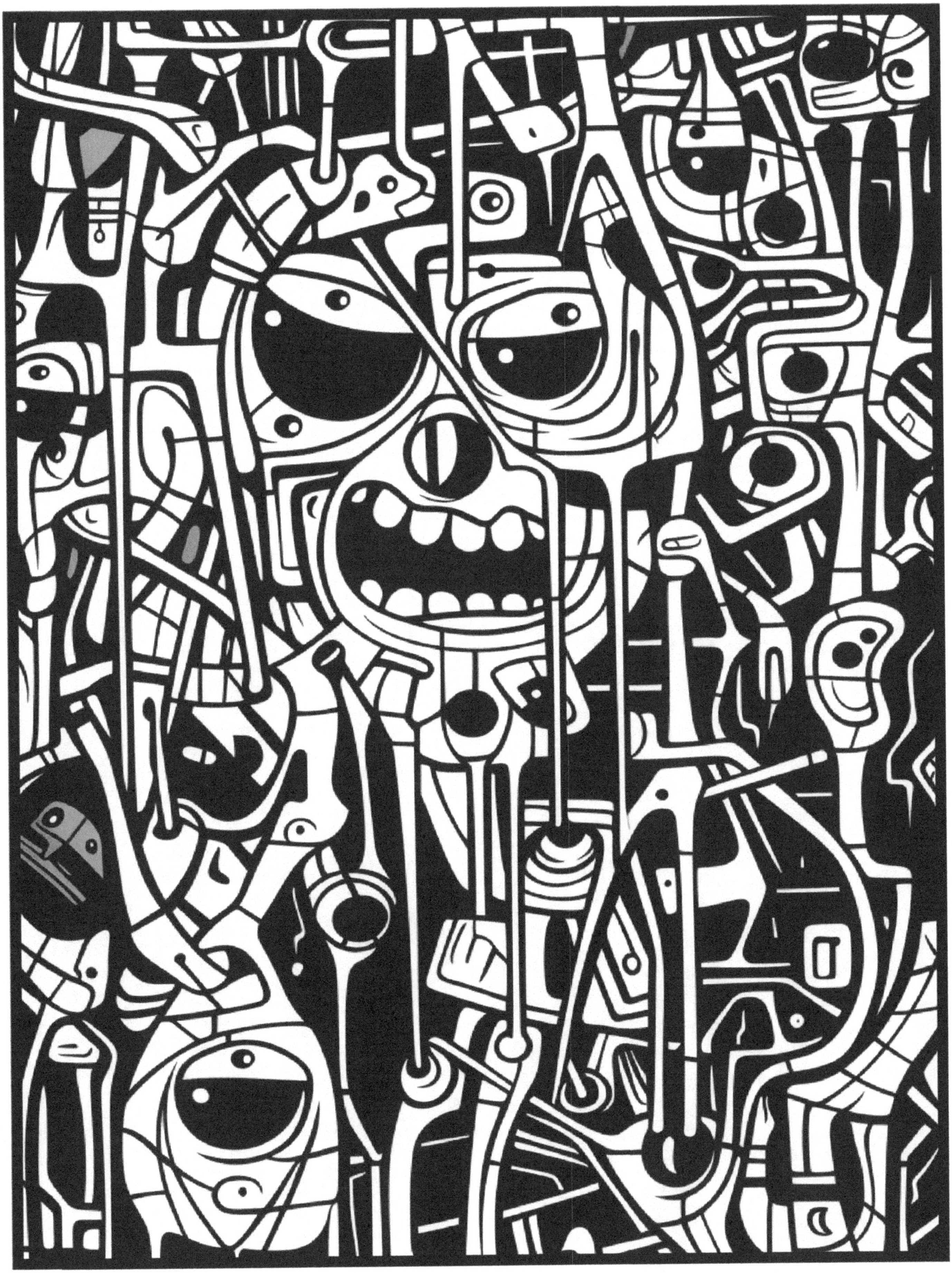

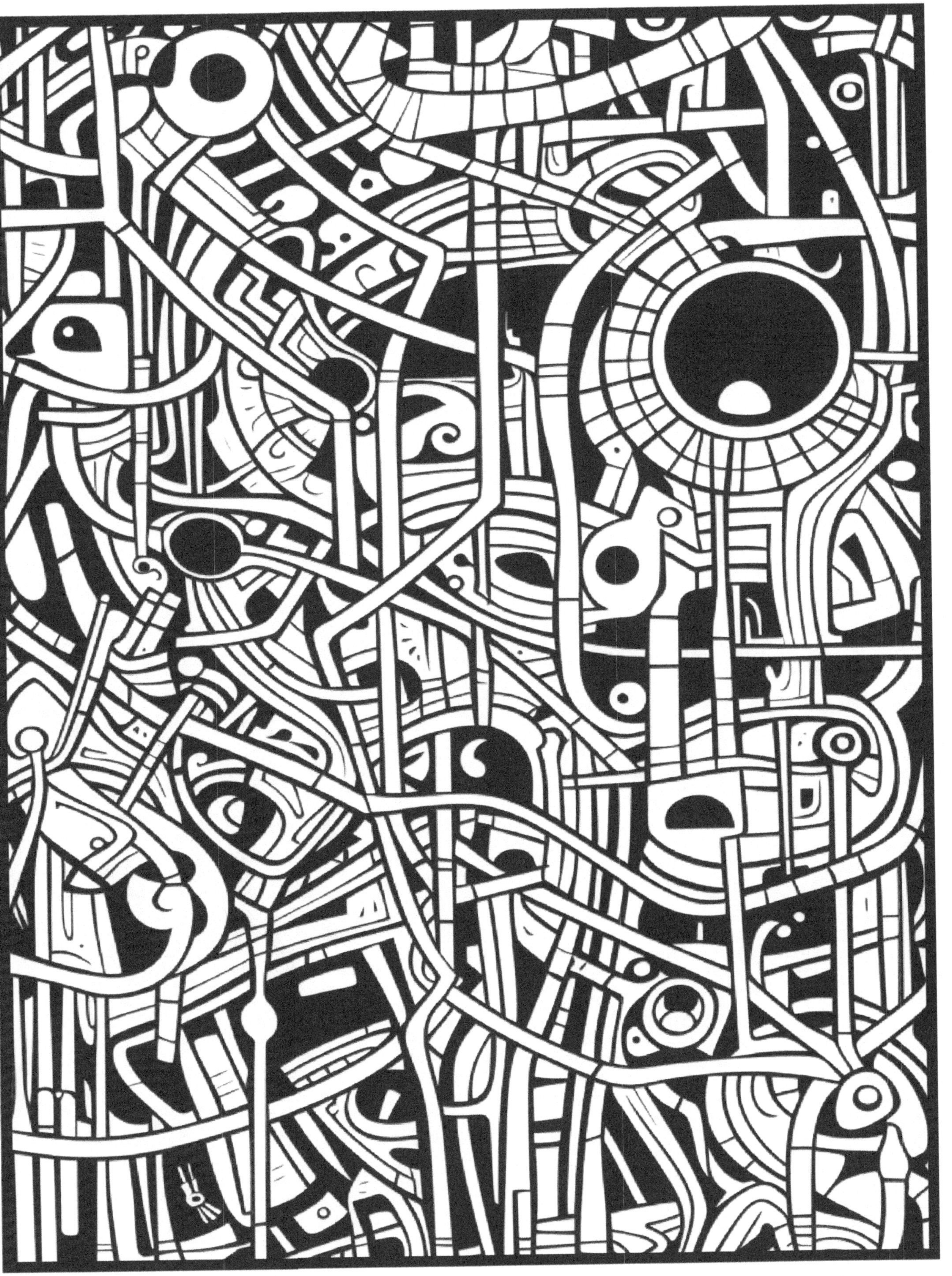

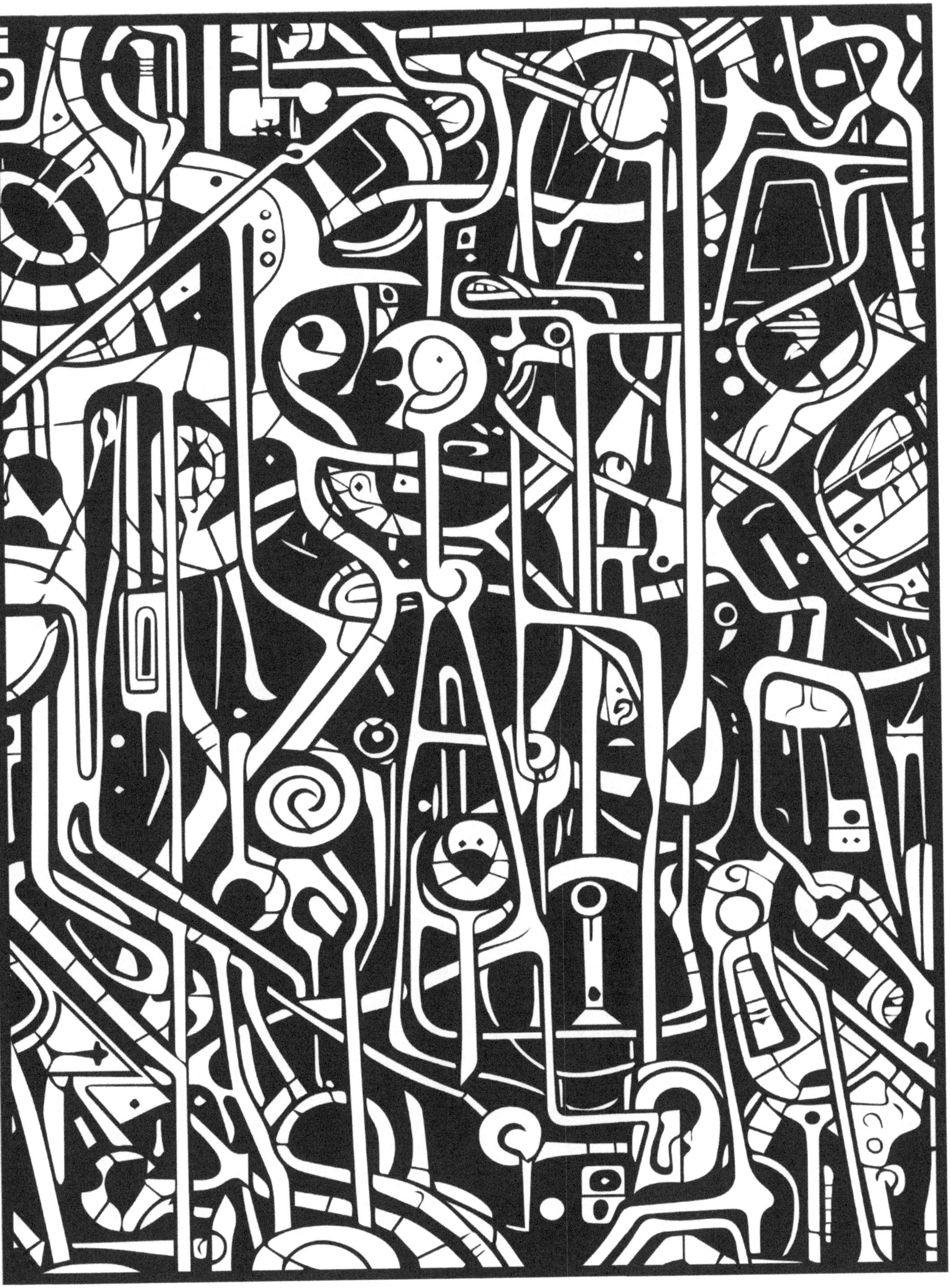

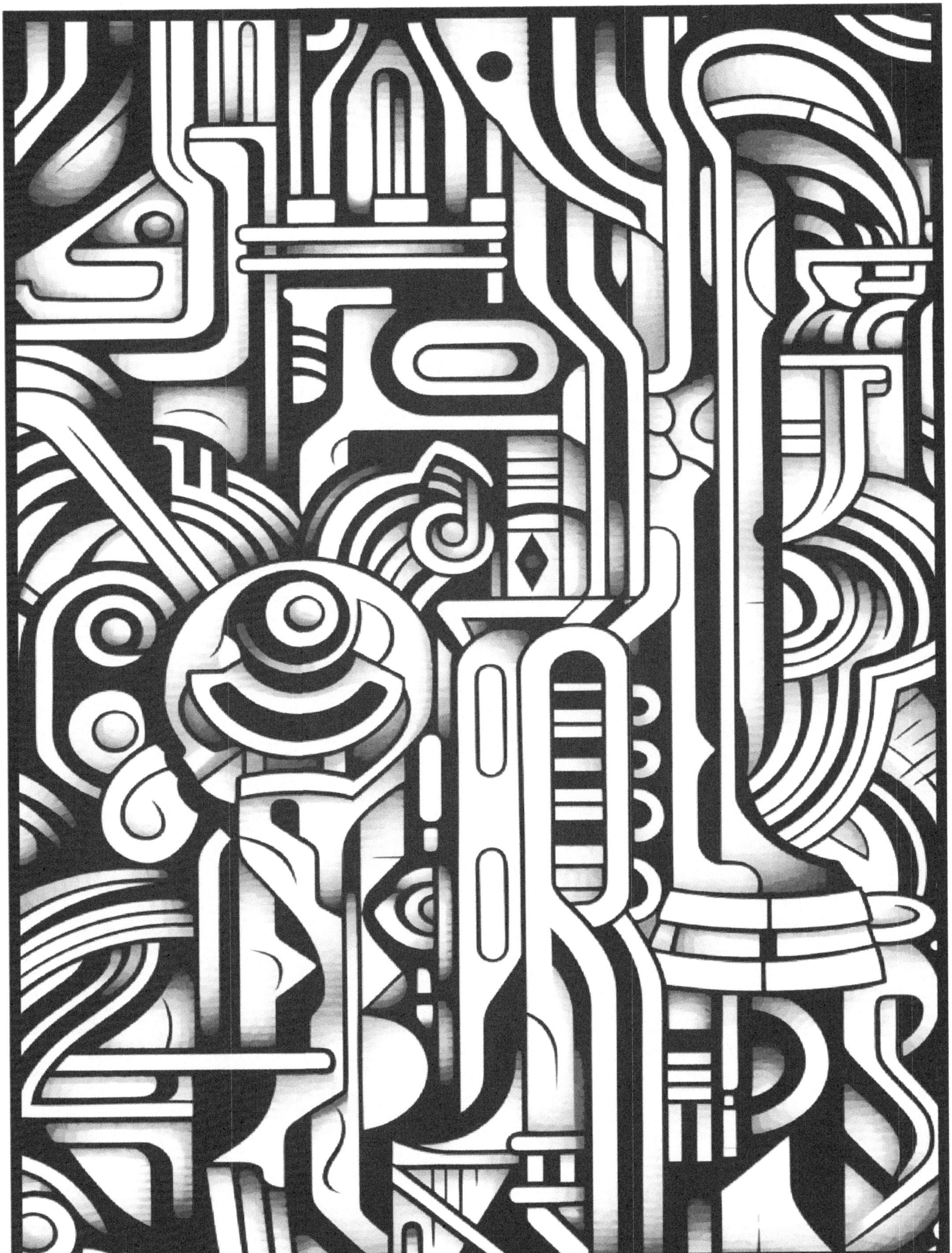

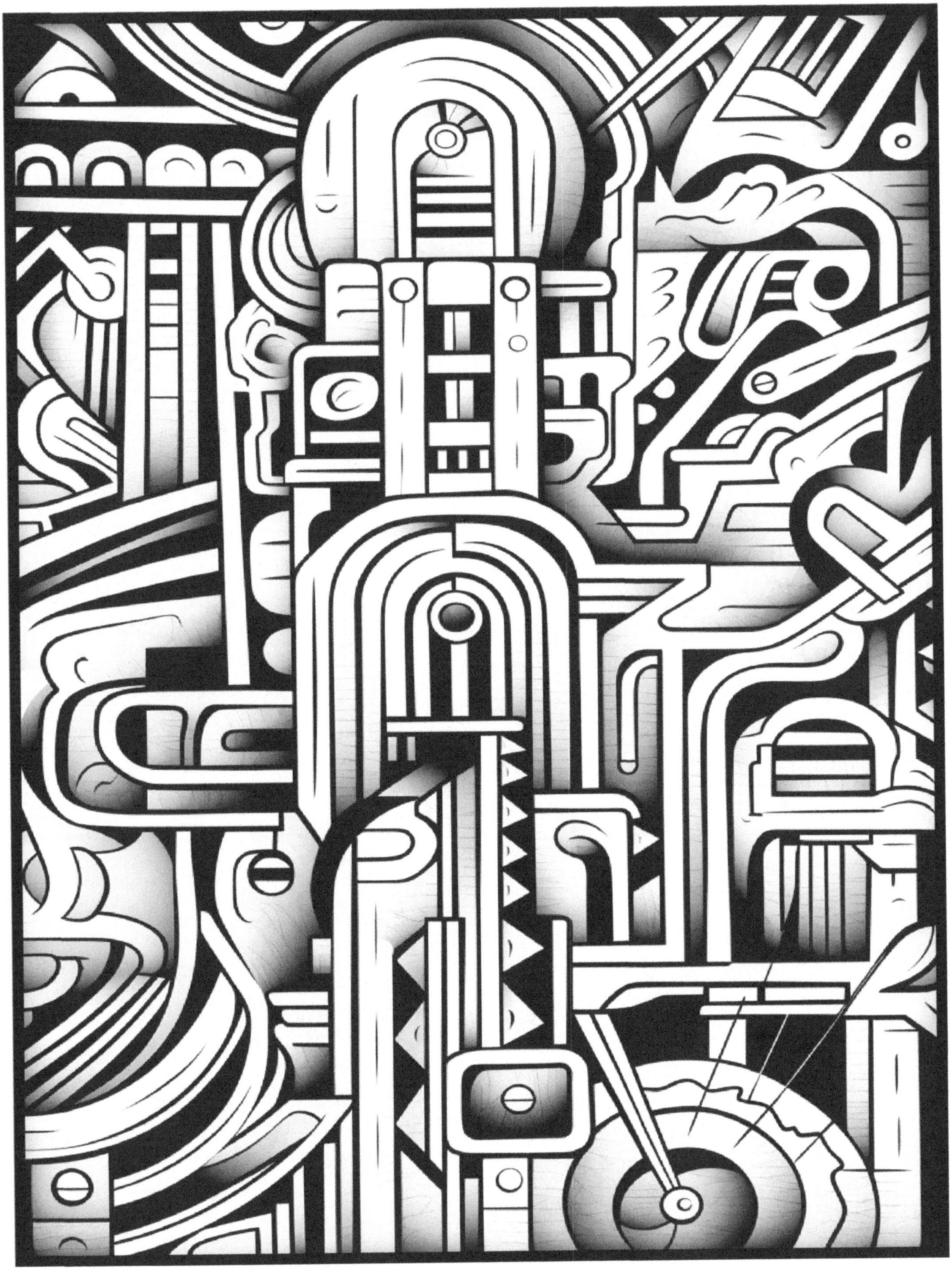

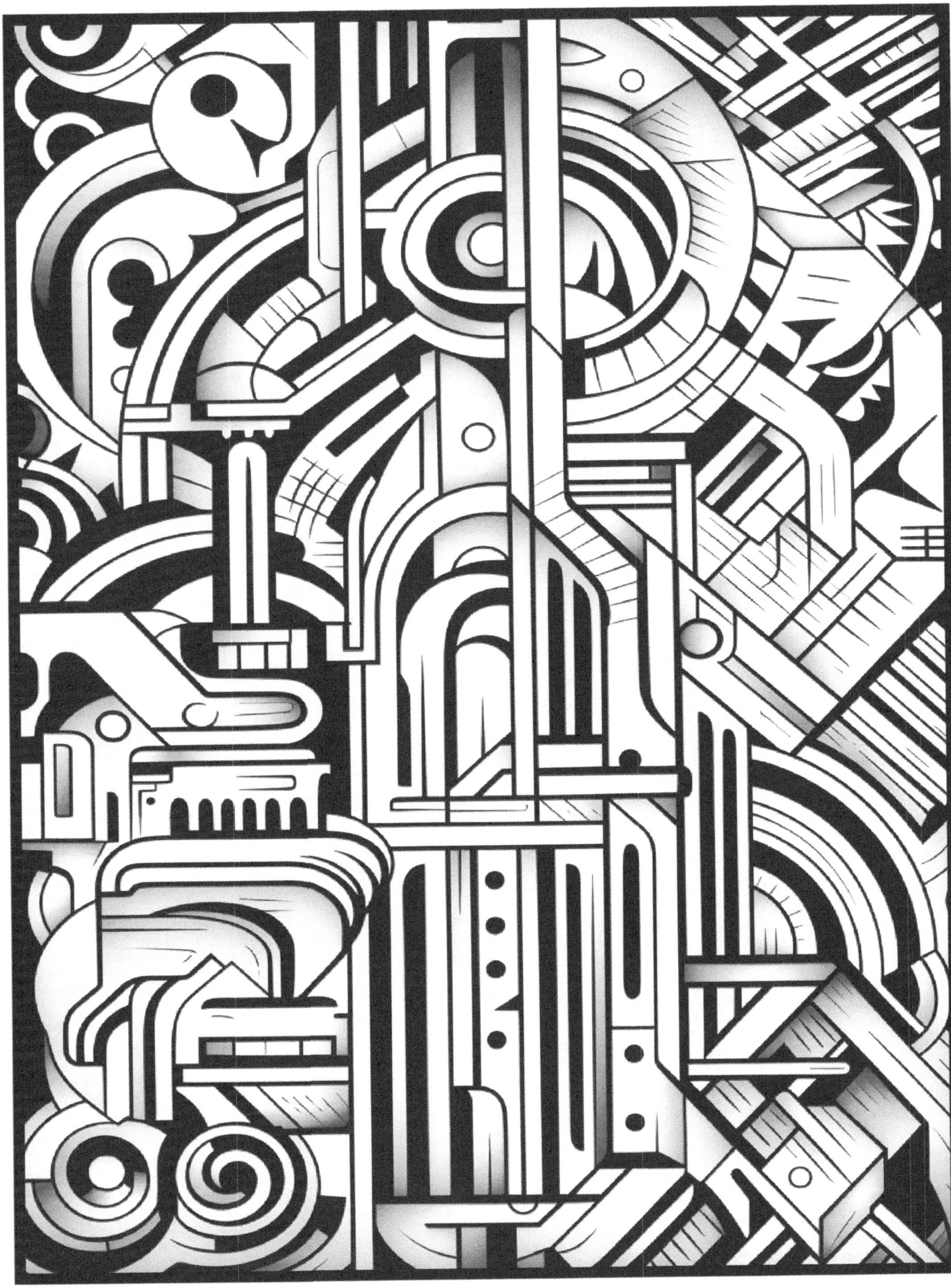

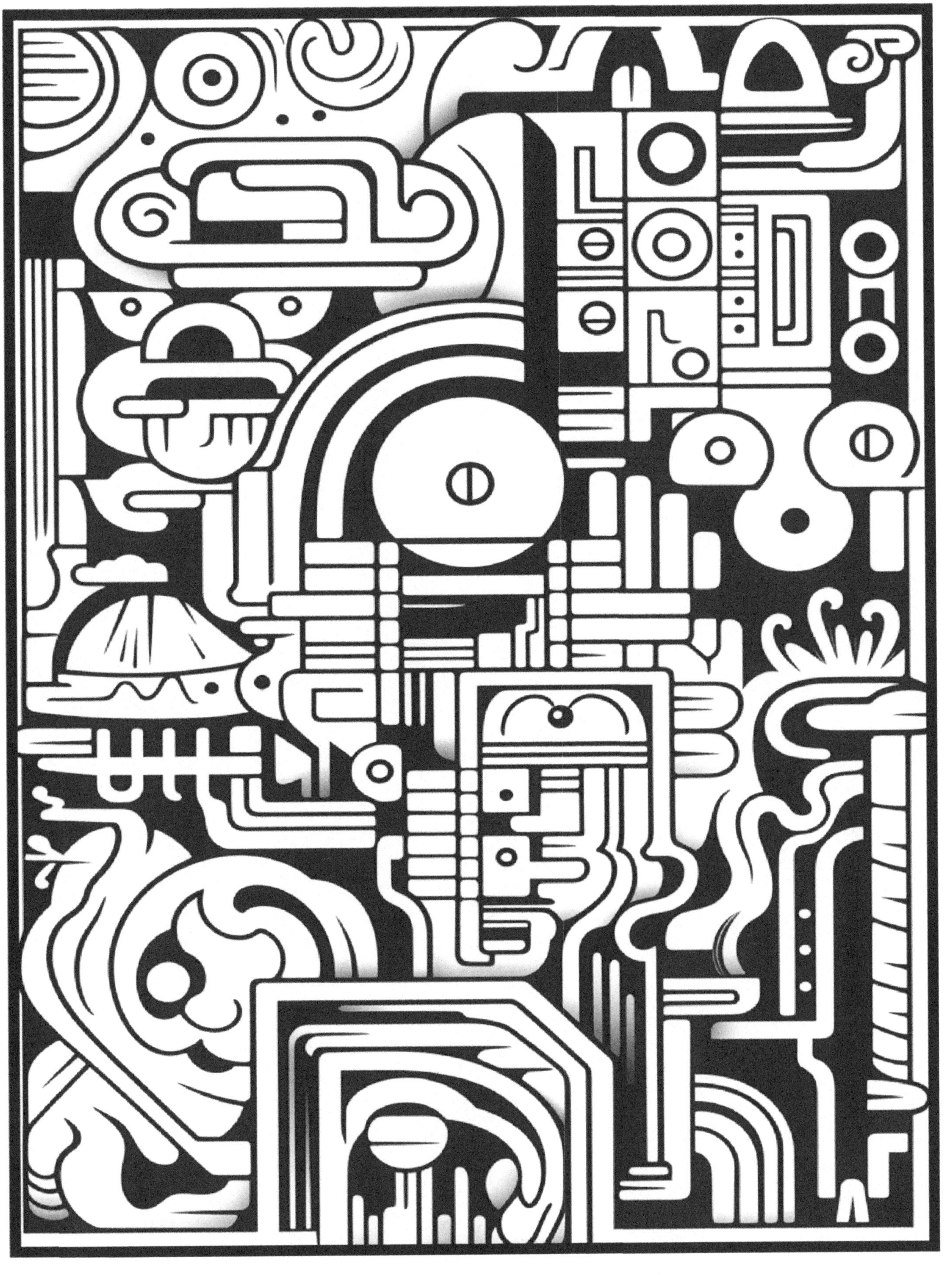

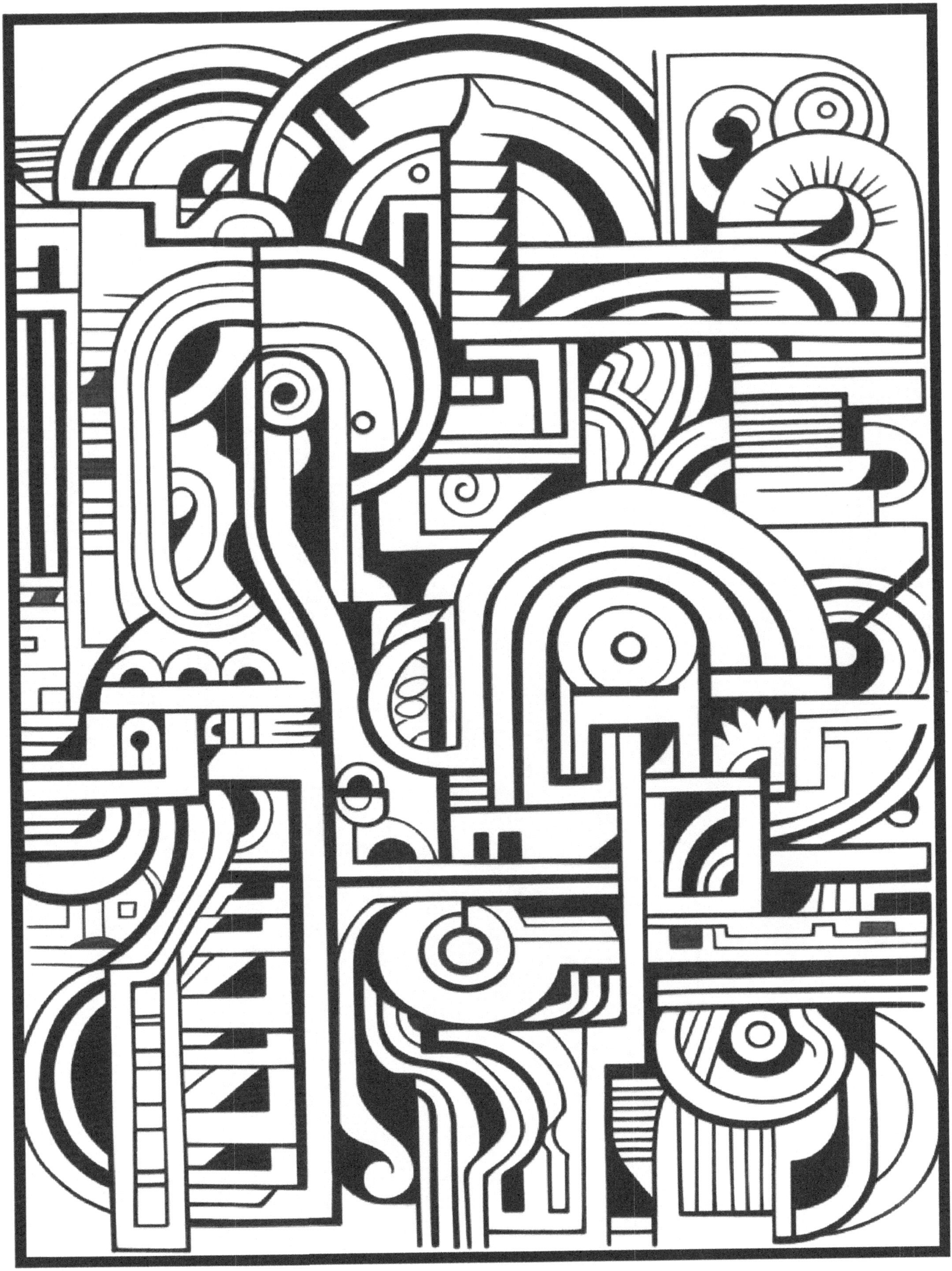

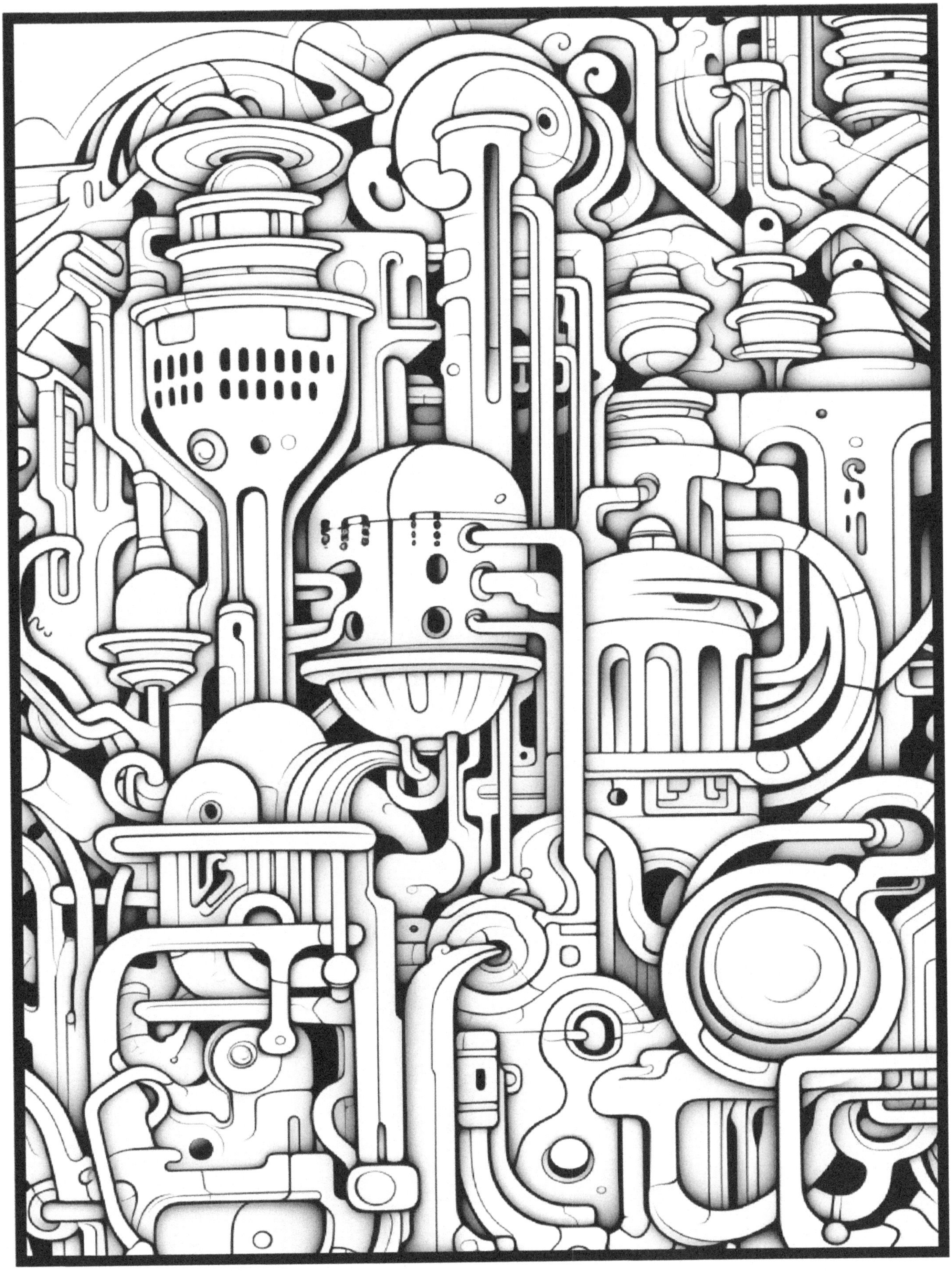

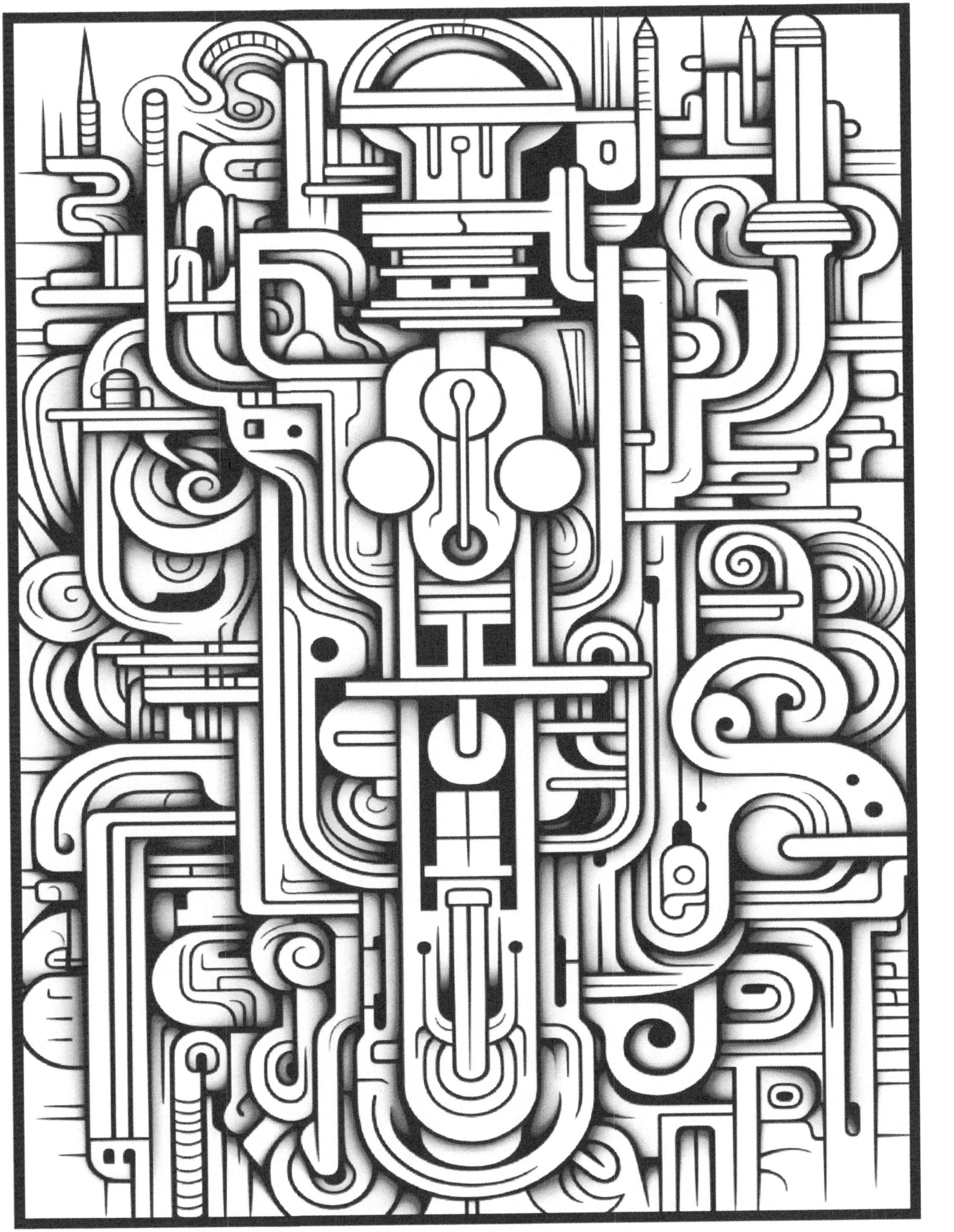

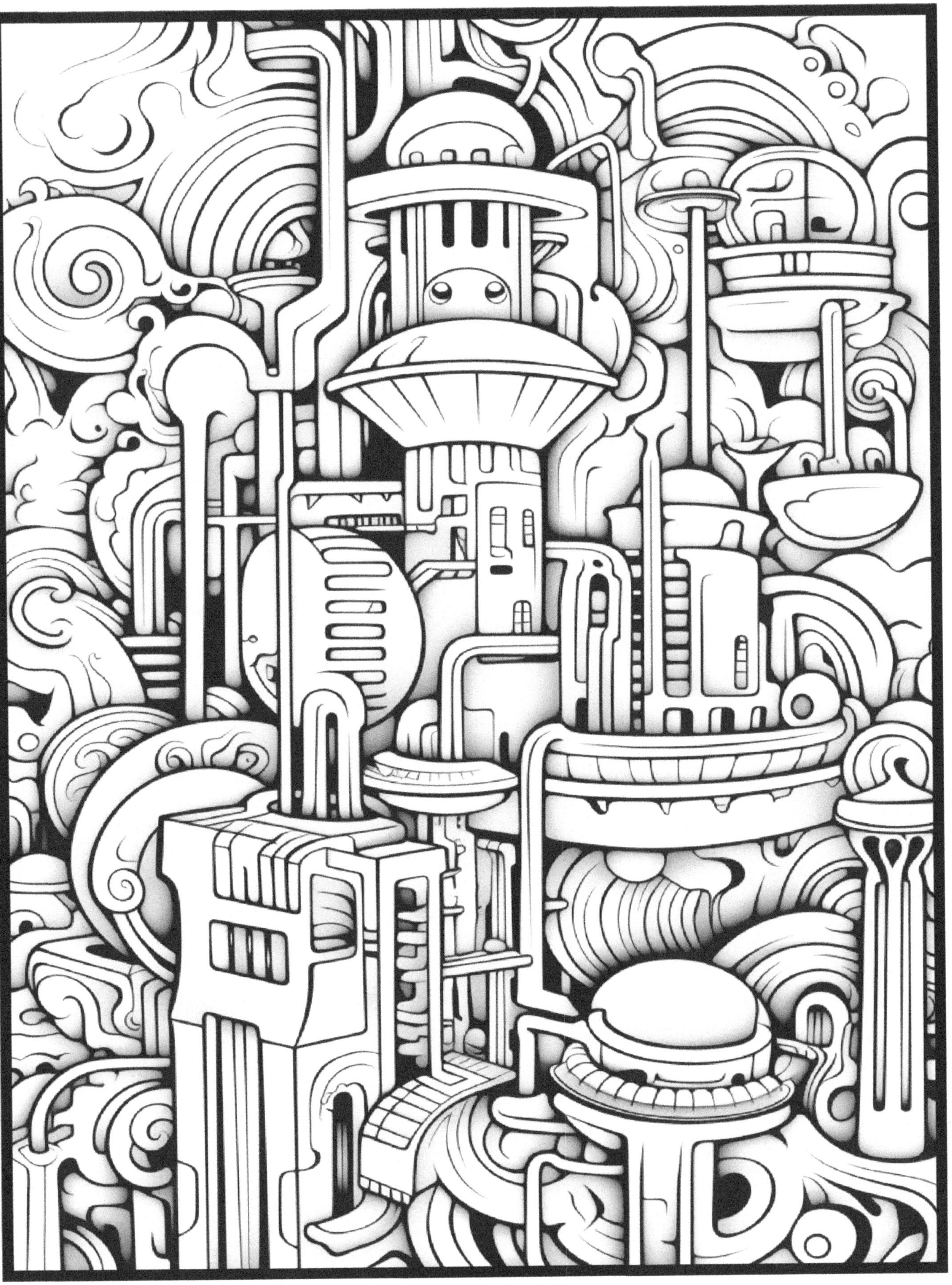

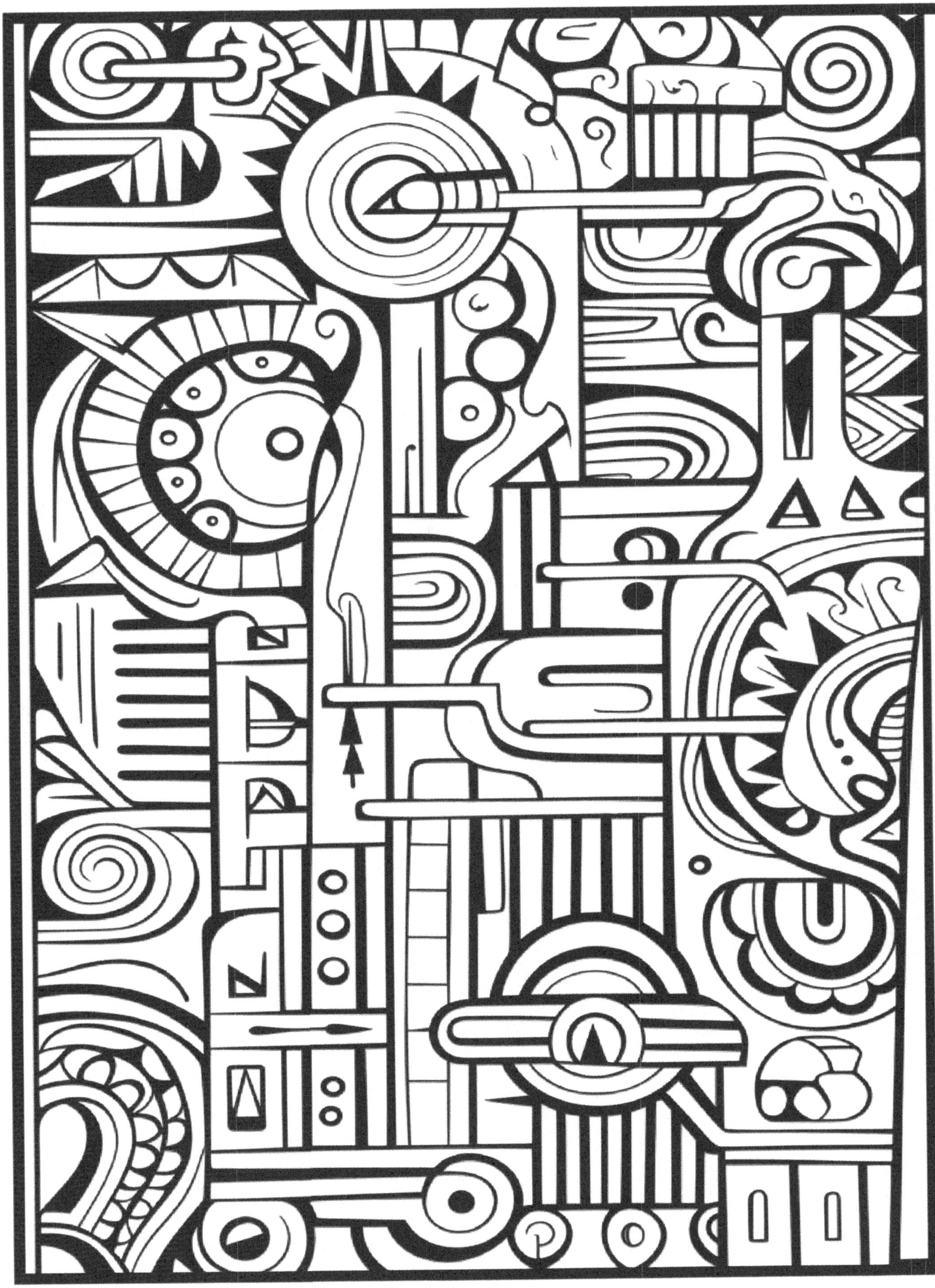

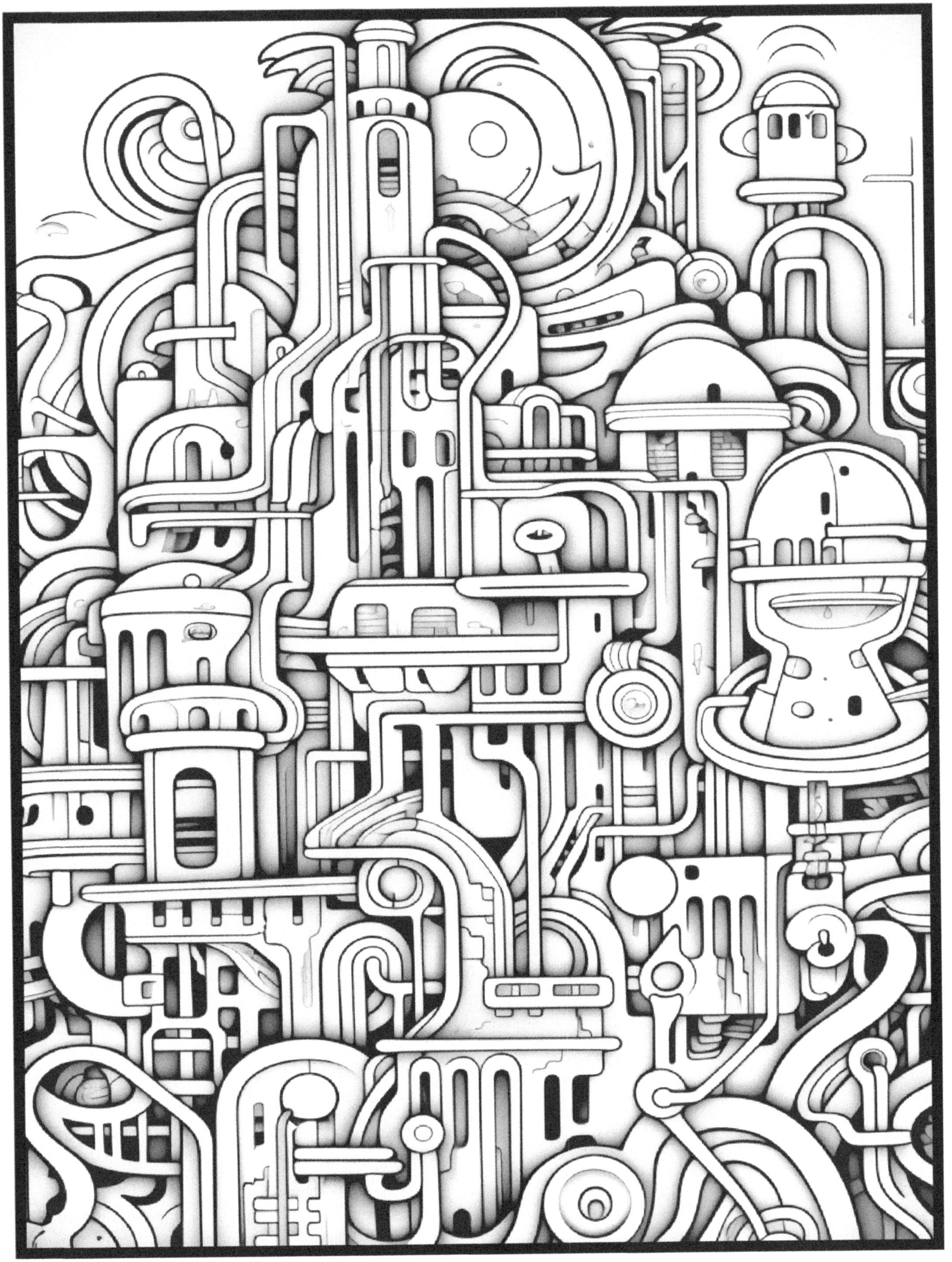

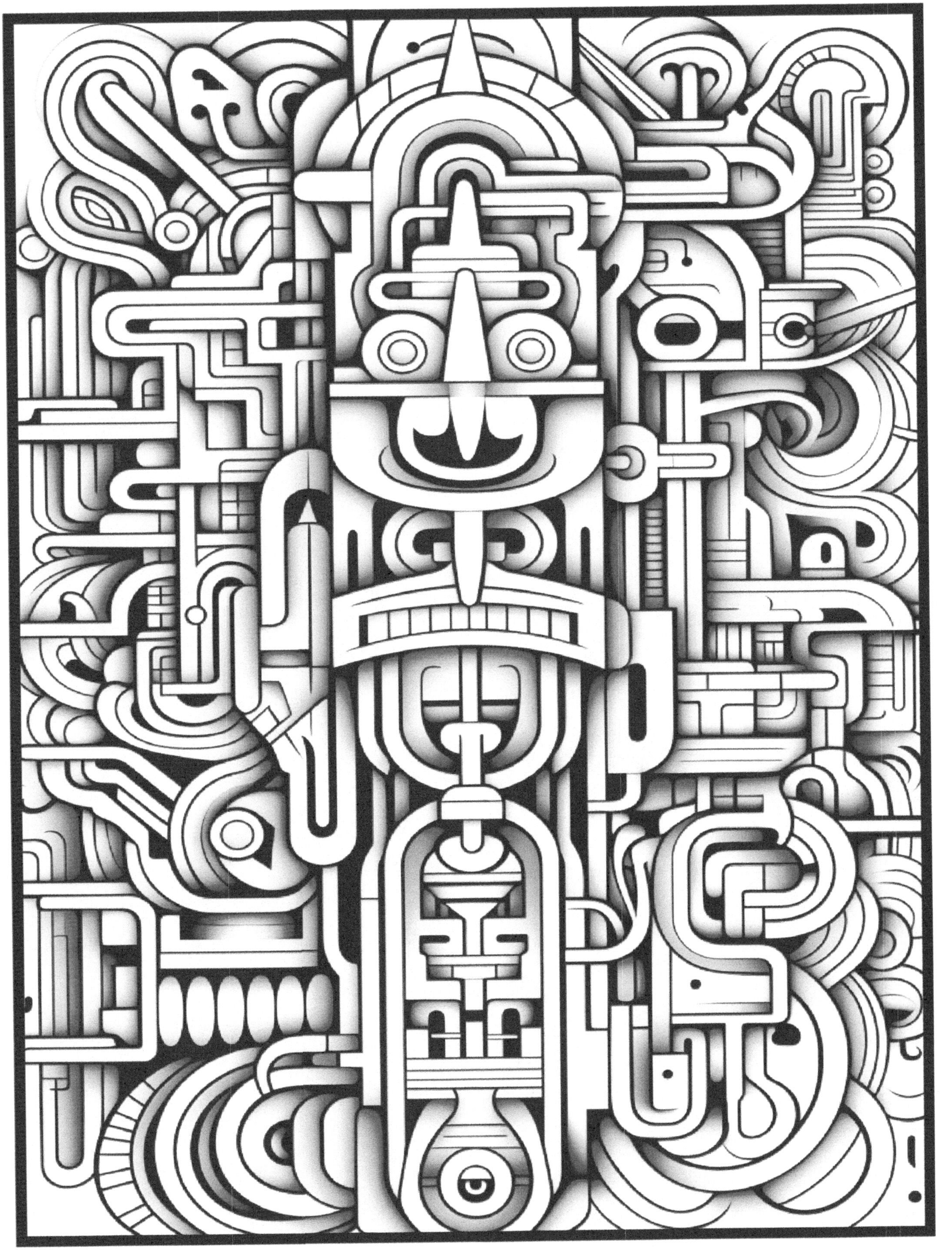

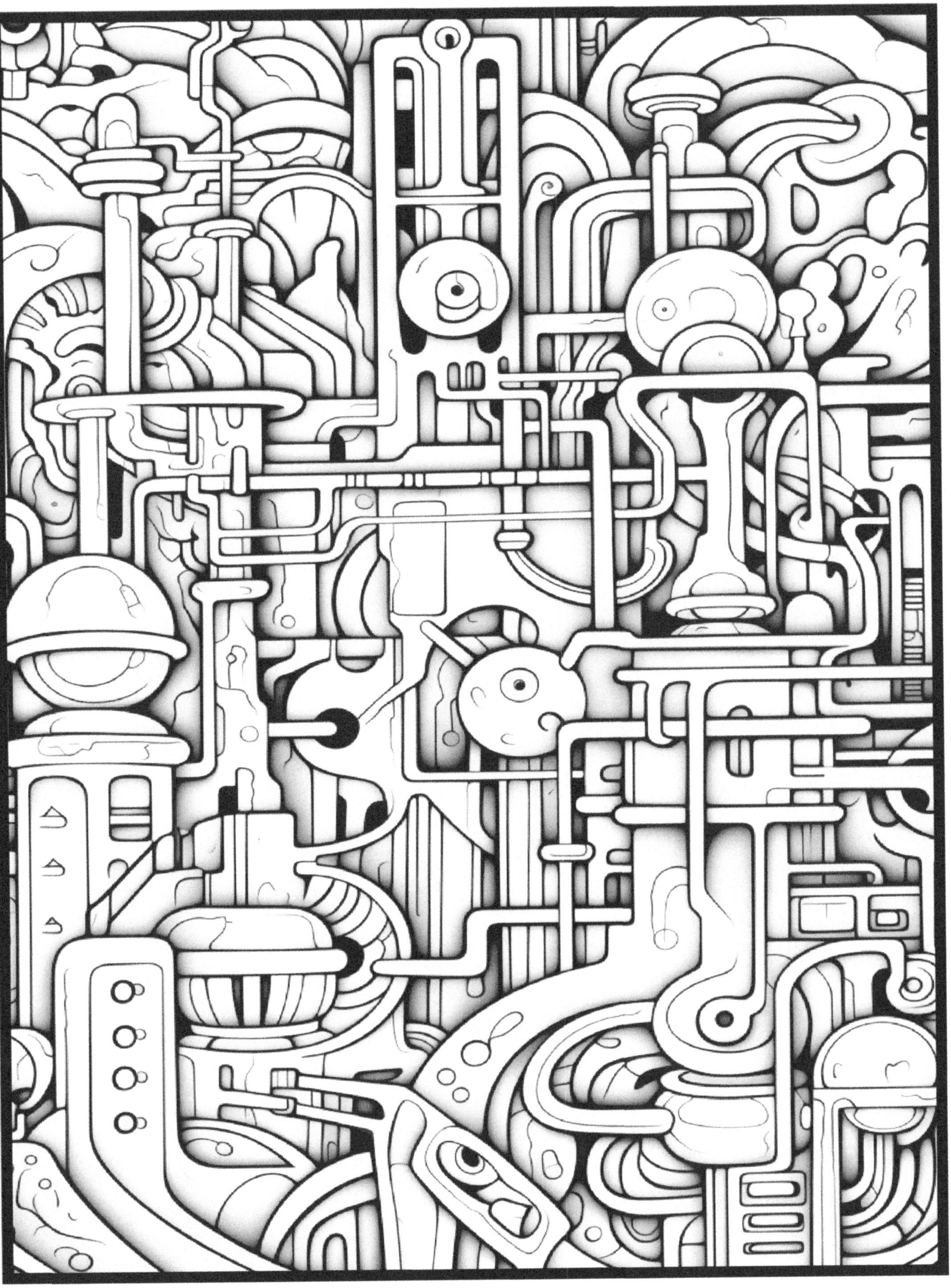

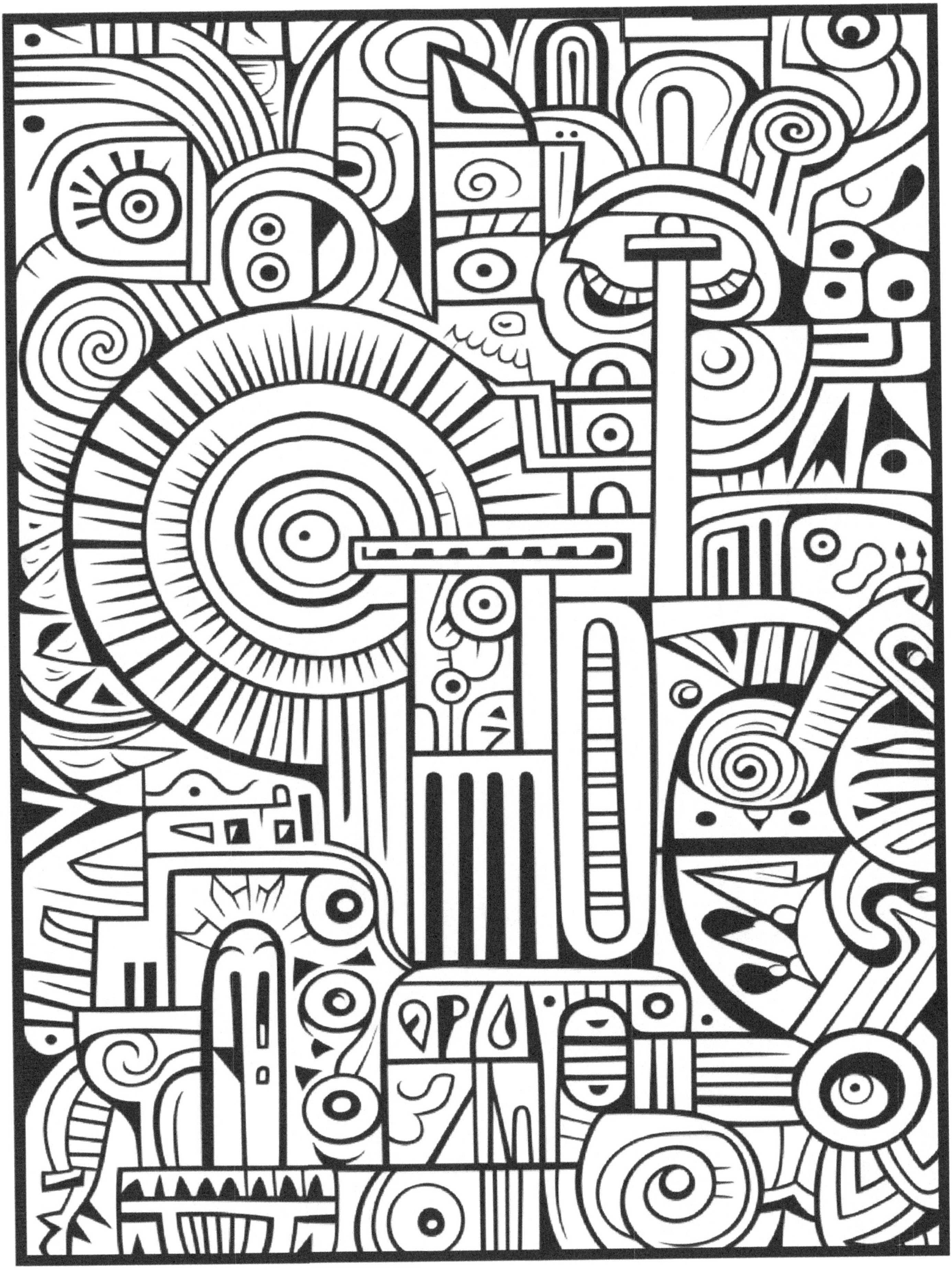

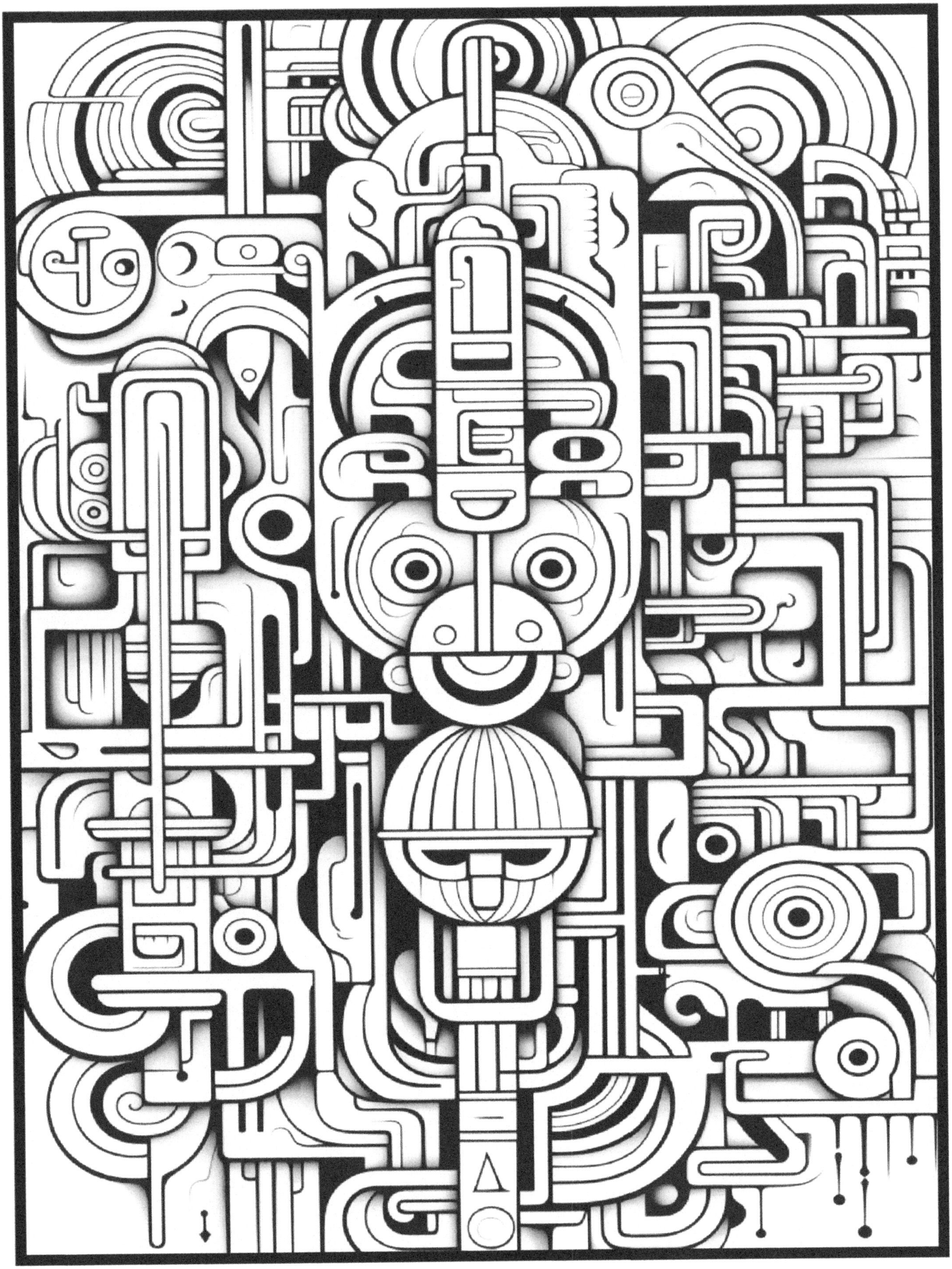

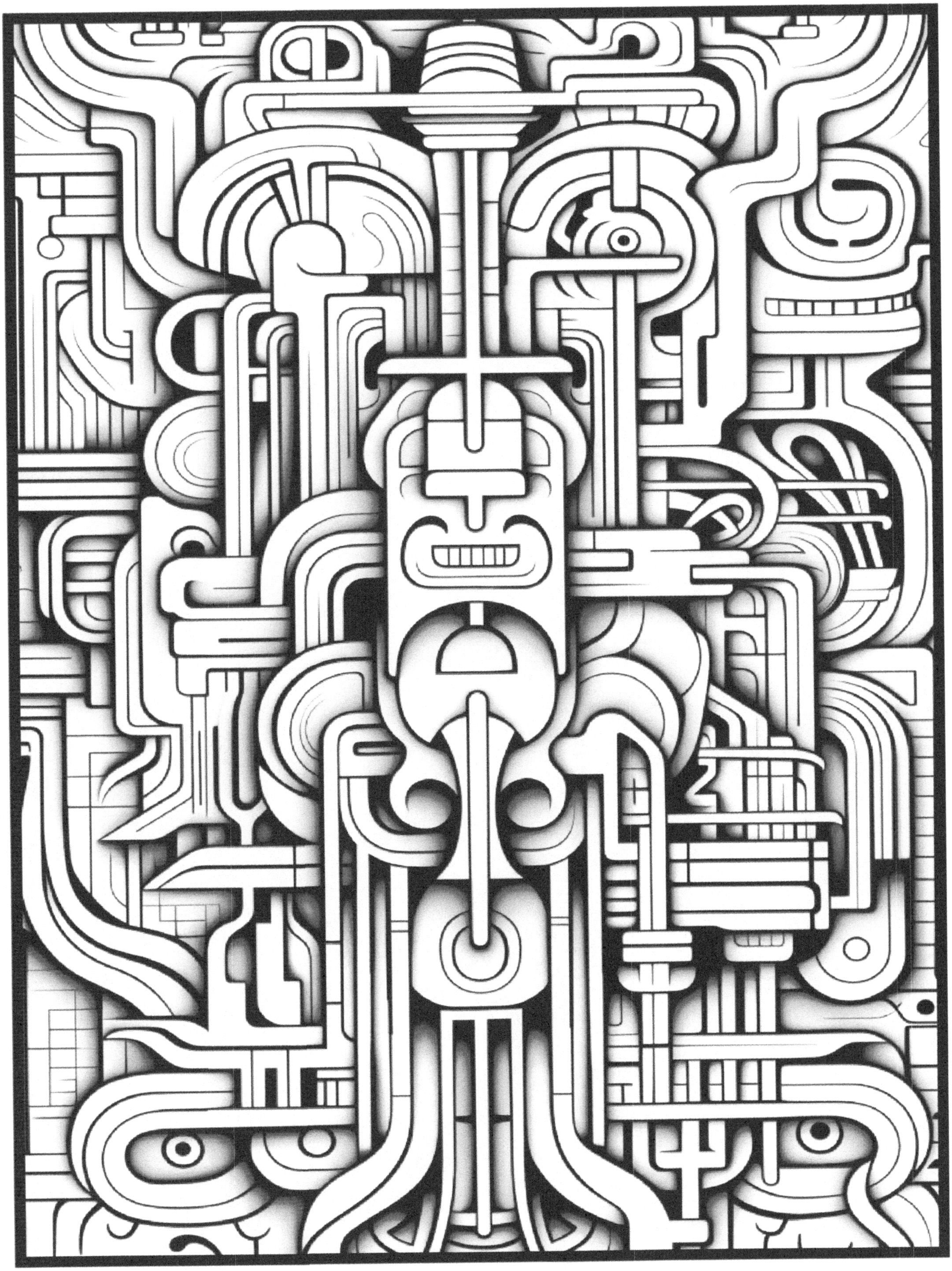

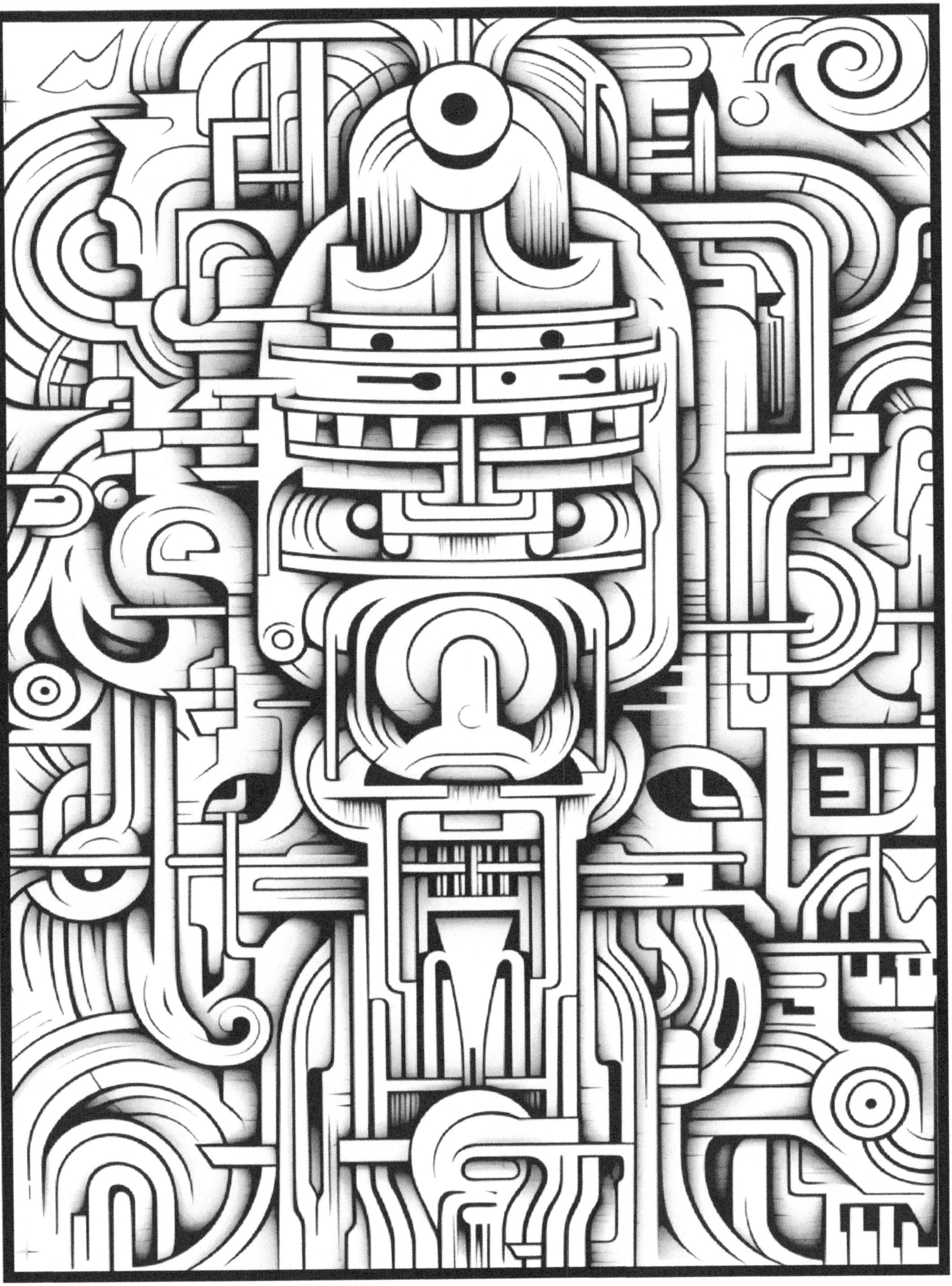

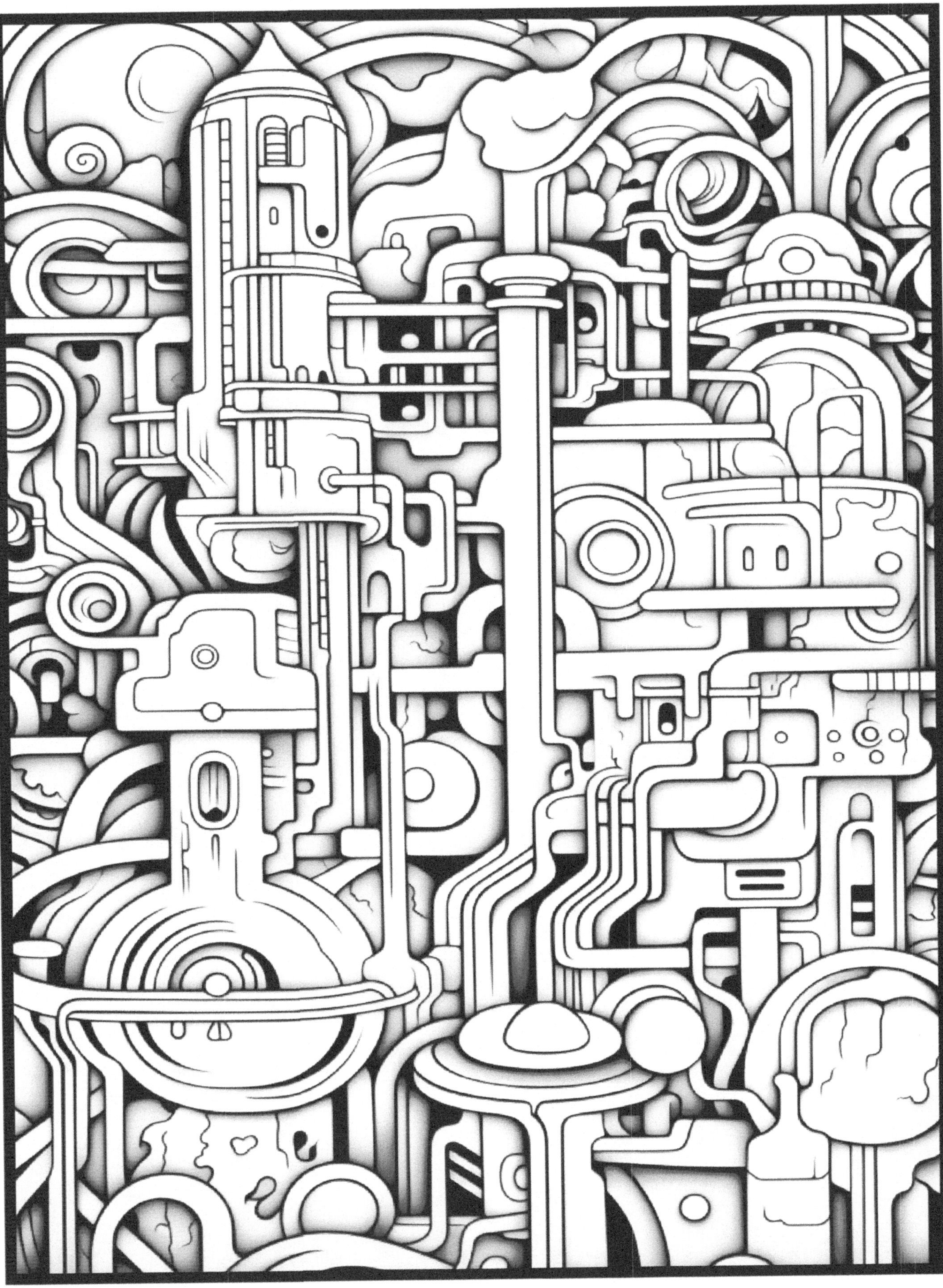

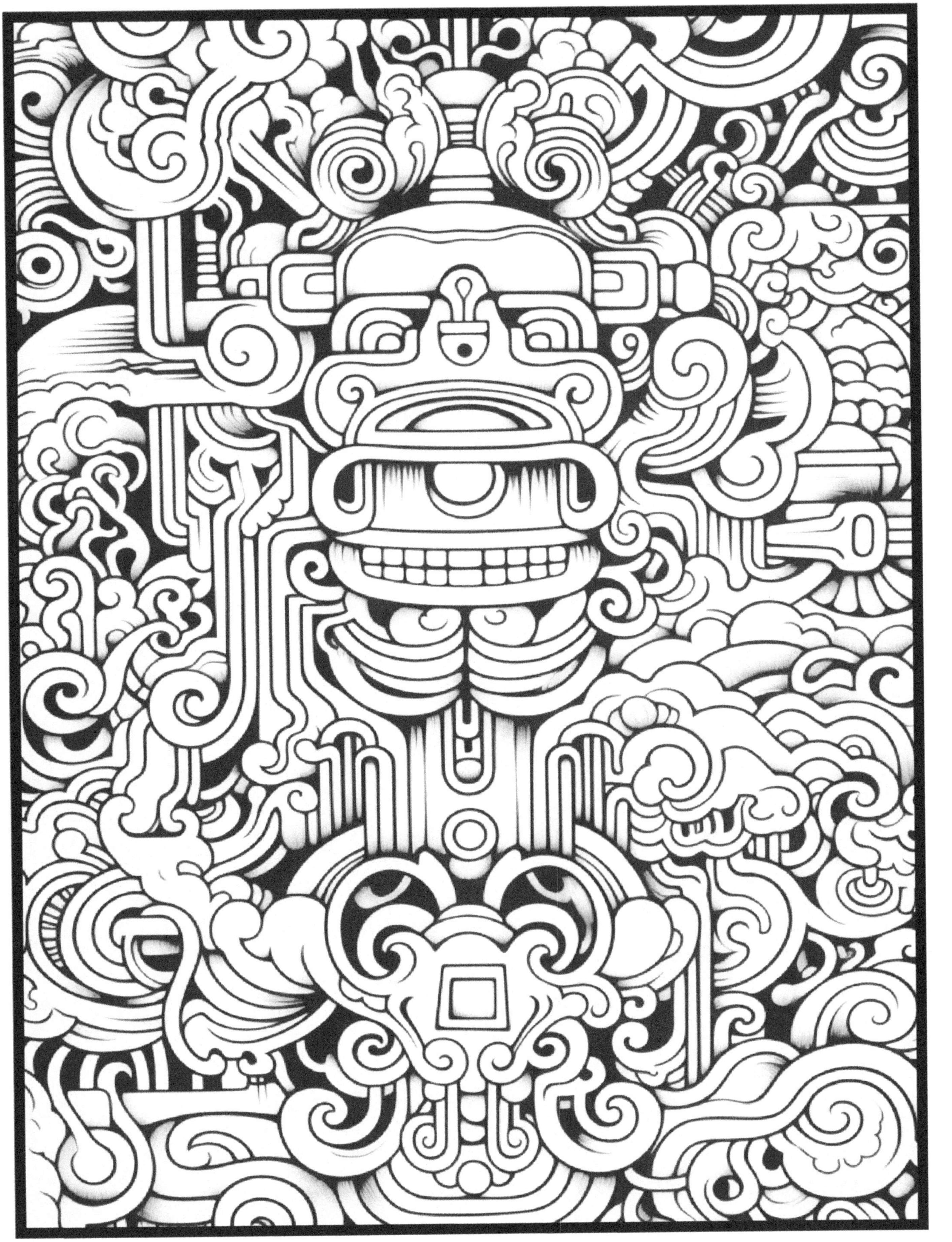

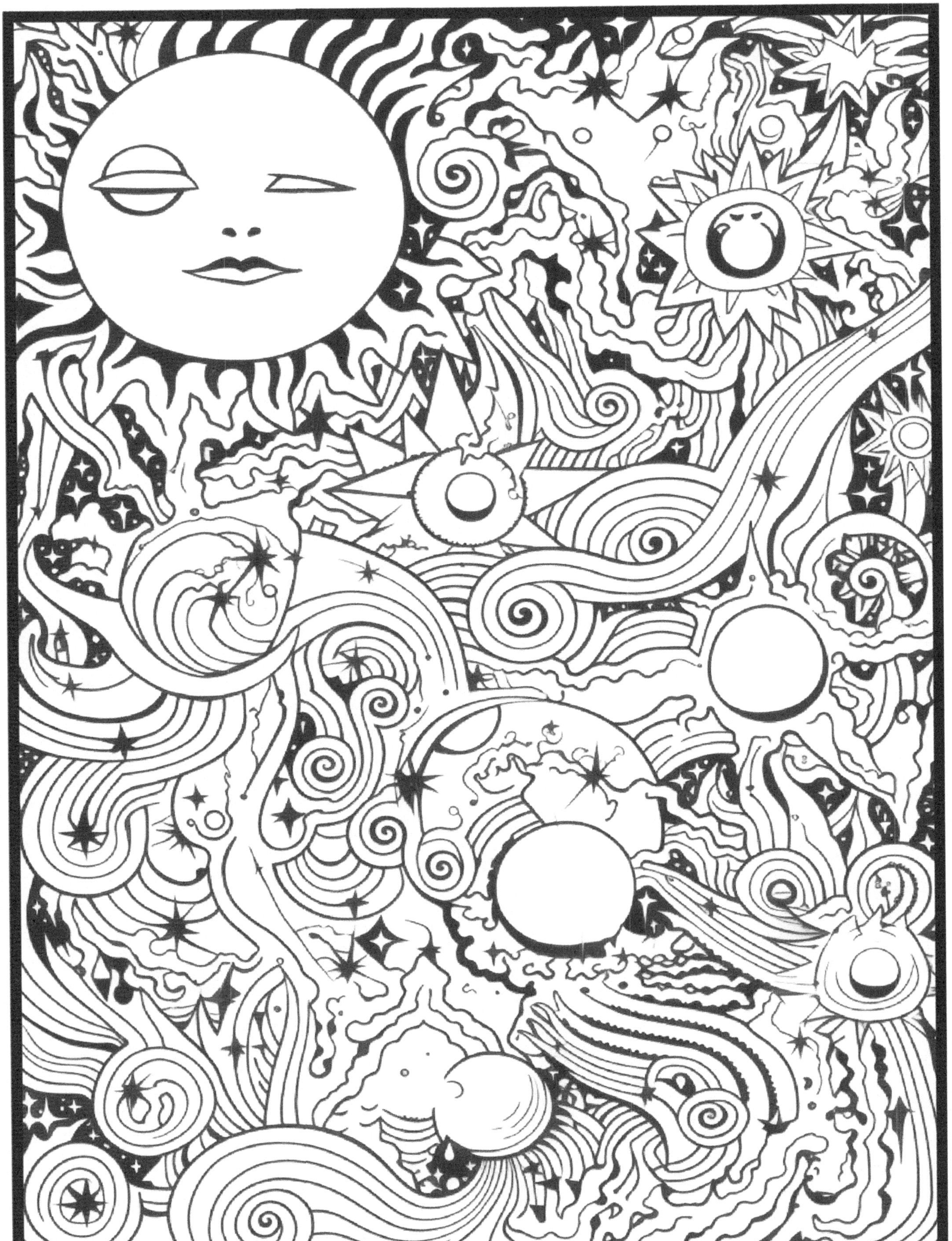

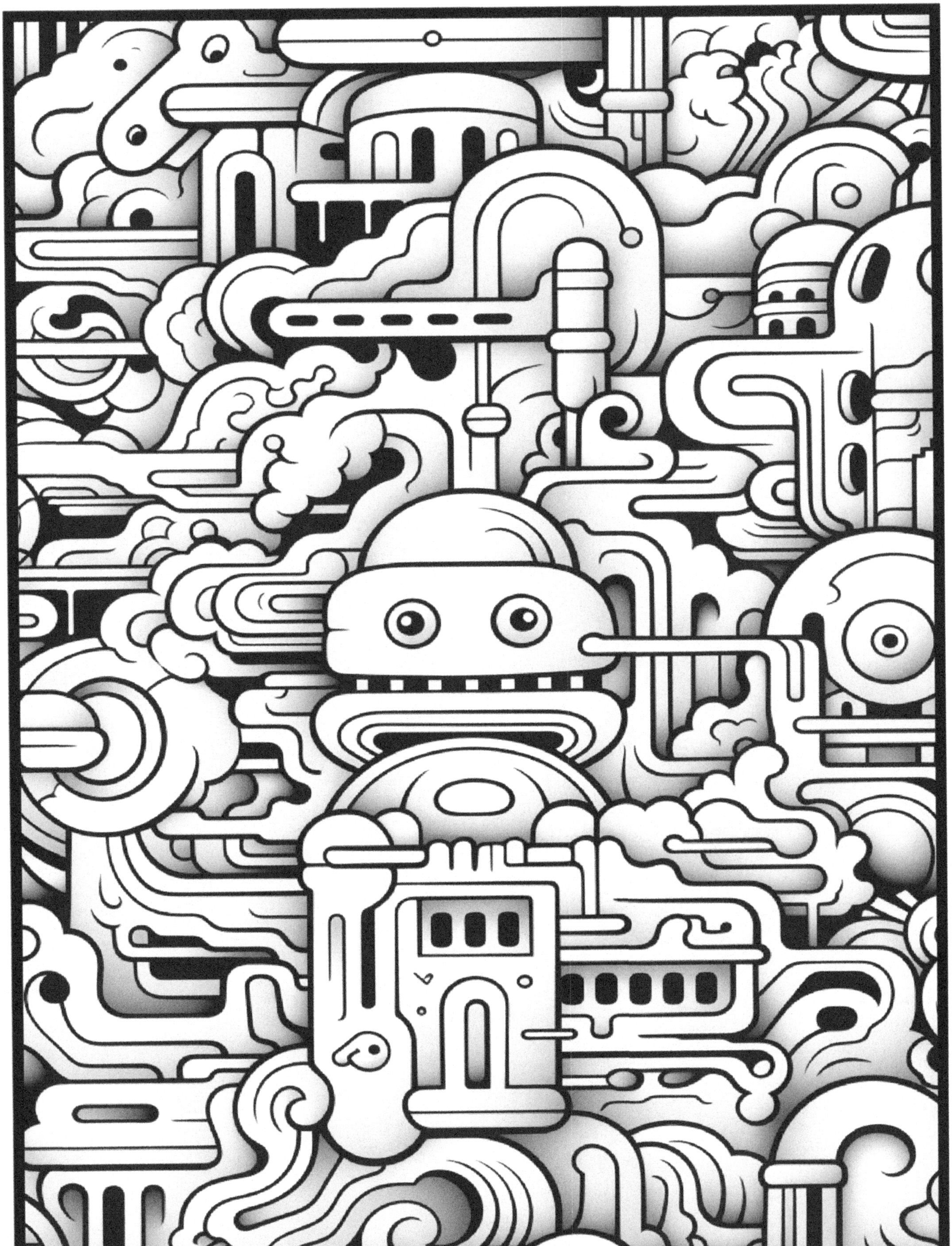

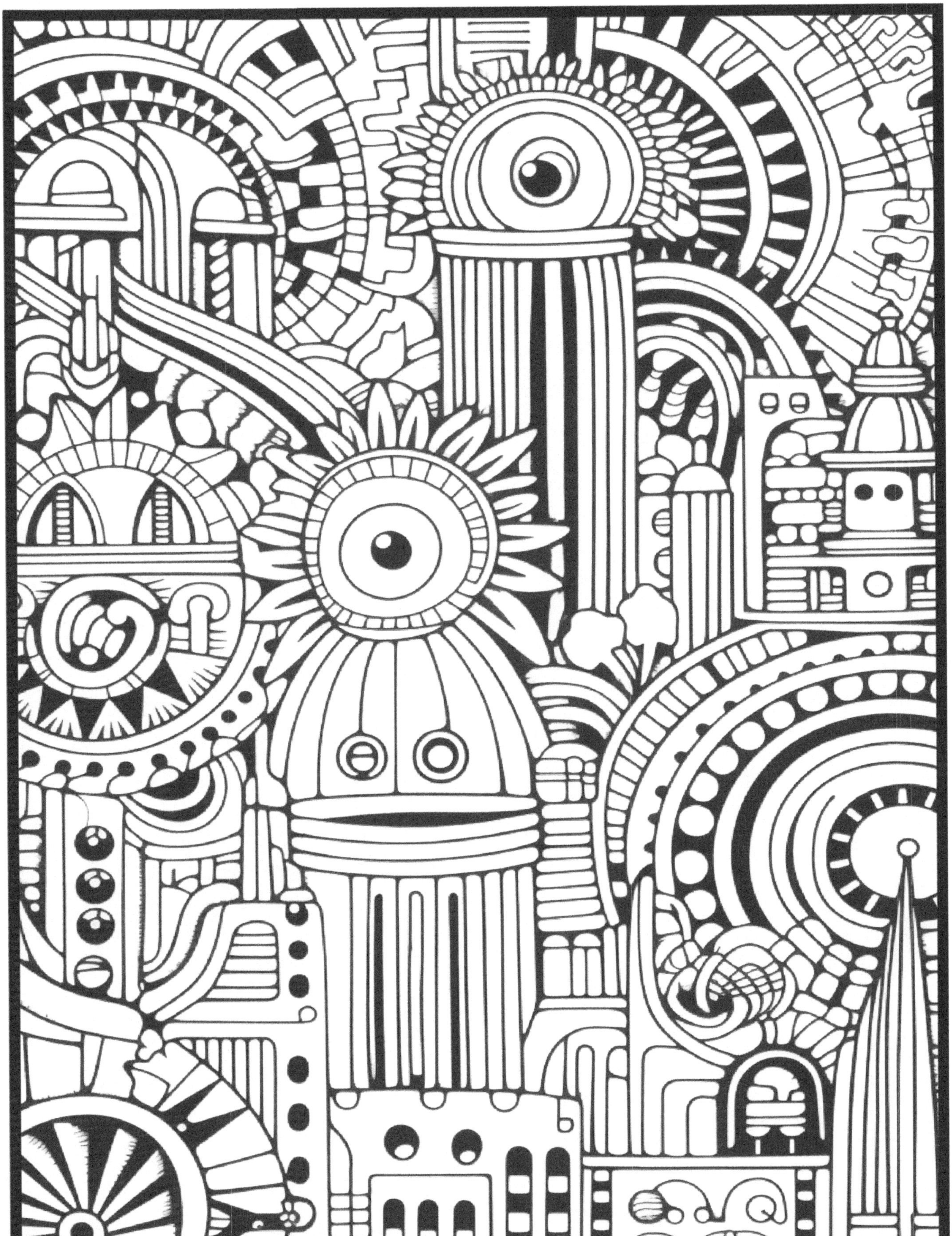

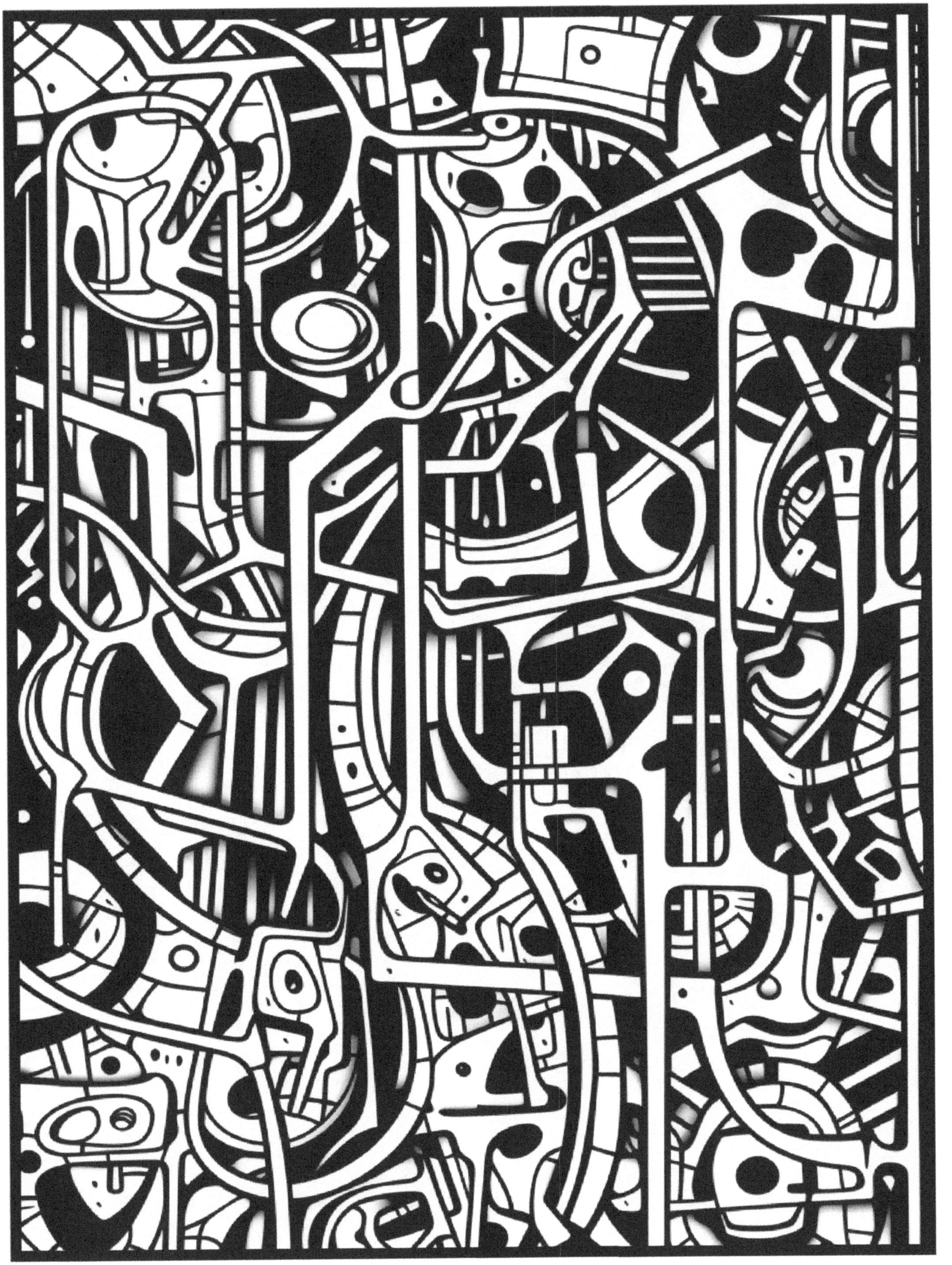

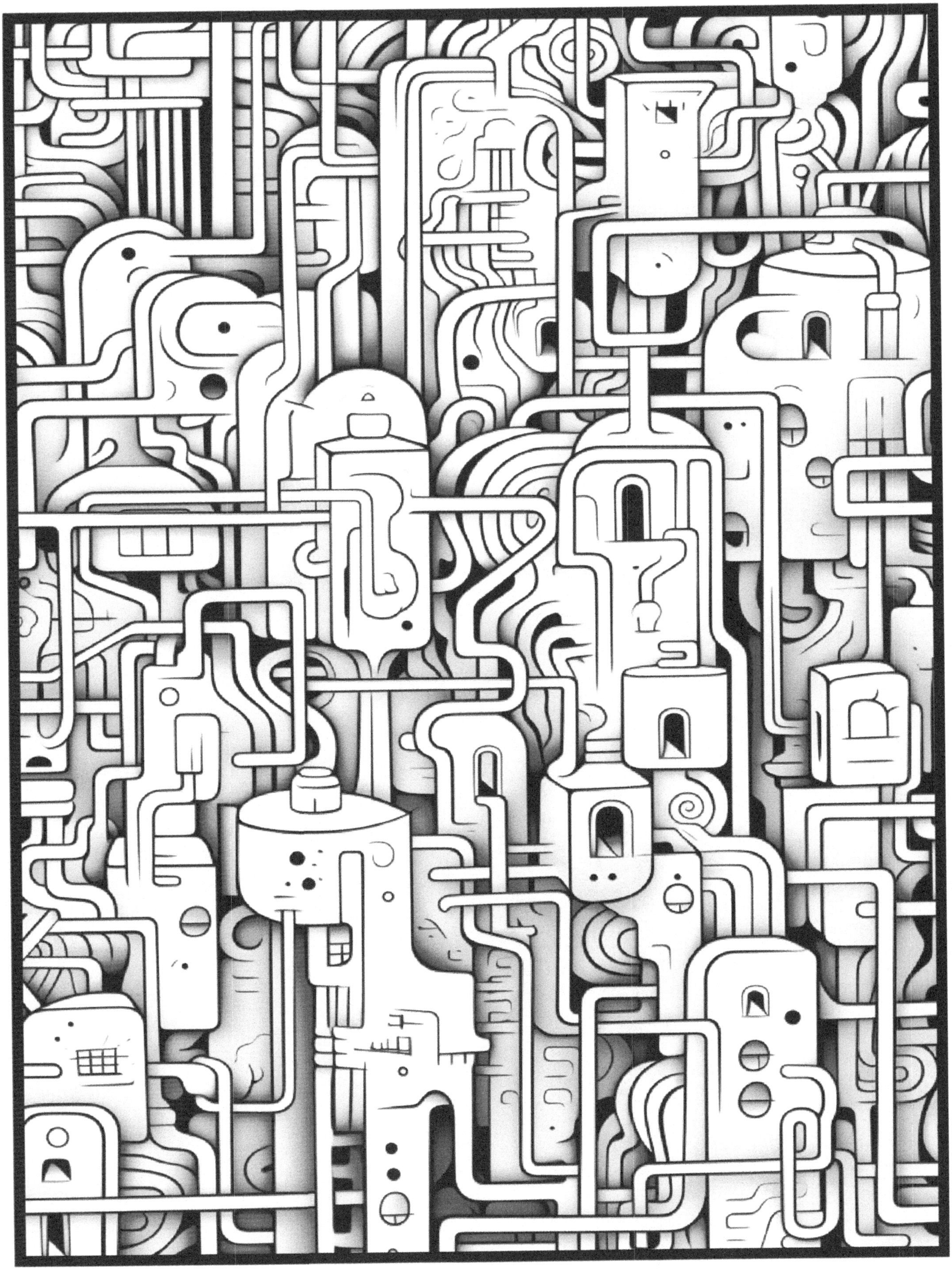

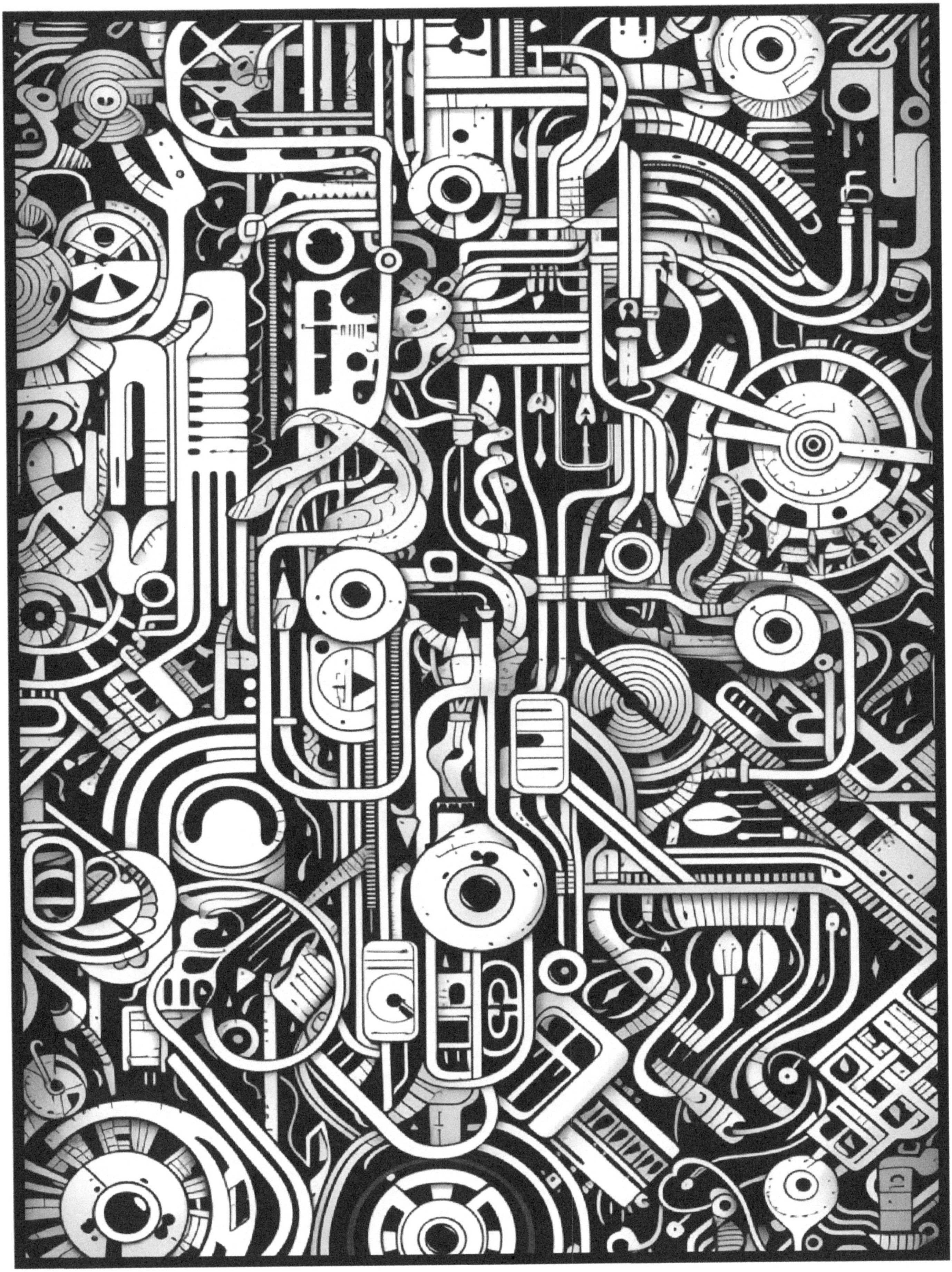

Made in the USA
Las Vegas, NV
17 October 2023

79247907R00037